평범한 우리 어린이들을 다음 세대
위인으로 만들어 줄 교과서 위인 이야기!
효리원의 교과서 위인 이야기는 초등학교
교과 과정에 나오는 국내외 위인들을, 우리나라
최고 아동 문학가 53인이 재미있게 동화로 구성했습니다.
지혜와 용기로 위대한 삶을 산 위인들의 이야기는,
어린이들의 마음속에 '나도 할 수 있다.'는
희망의 씨앗을 심어 줄 것입니다!

KB192168

일러두기

1. 띄어쓰기와 맞춤법 : 초등학교 국어 교과서와 국립국어원의 『표준국어대사전』을 기준으로 하였습니다.

2. 외래어 지명과 인명 : 국립국어원의 『외래어 표기 용례집』을 기준으로 하였습니다.

3. 이해가 어려운 단어 : ( ) 안에 뜻풀이를 하였습니다.

4. 작가 연보 : 연도와 함께 나이를 표기하고, 업적을 간략히 소개하였습니다. 우리나라 위인은 태어난 해를 한 살로 하였고, 외국 위인은 만 나이를 한 살로 하였습니다. 정확한 자료가 없는 위인은 연도와 업적만을 나타냈습니다.

5. 내용 구성 : 위인의 삶은 역사적 자료를 바탕으로 최대한 사실적으로 구성하였습니다. 그러나 읽는 재미를 위해 대화 글이나 배경 묘사, 인물의 감정 표현 등에 작가의 상상력을 가미하였습니다.

6. 그림 구성 : 문헌을 바탕으로 위인이 살던 시대를 충실히 나타내도록 하되 복식의 색상이나 장식, 소품, 건물 등은 작가의 상상으로 그렸습니다.

7. 내용 감수 : 각 분야의 전문가들로 구성된 편집 위원들이 꼼꼼히 감수를 하였습니다.

편집 위원

김용만(우리역사문화연구소장)
교과서에서 만나는 위인들을 중심으로 일화와 함께 그림과 사진을 곁들여 지루하지 않게 읽을 수 있습니다. 술술 읽다 보면 학교 공부에도 많은 도움이 될 것입니다.

신현득(동시인, 전 새싹회 회장)
우리가 자주 듣고 접하는 역사 속 실존 인물들이 자신의 꿈을 이루기 위해 어떻게 노력했는지 깨달아 가면서 우리 어린이들은 한층 더 성숙해질 것입니다.

윤재운(동북아역사재단 연구 위원)
위인전을 읽으면서 어린이들은 시대를 넘어 간접 체험을 할 수 있습니다. 어떻게 살아야 하는지 인생에 대한 동기 부여와 함께 삶이 보다 풍요로워질 것입니다.

이은경(철학 박사, 전북과학대 유아교육학과 교수)
한 사람의 인격과 품성은 어릴 때 형성됩니다. 따라서 초등학교 저학년 때 어떤 책을 읽느냐에 따라 생각의 크기가 달라집니다. 어린이의 미래를 위해 이 책은 꼭 읽어야 합니다.

이창열(하버드 물리학 박사, 전 국가과학기술자문회의 전문 위원)
세상을 바꾼 위대한 인물의 이야기는 어린이의 인성 및 감성 발달에 큰 영향을 미칠 뿐 아니라 실험 정신과 개척 정신을 길러 줍니다. 용기와 지혜로 세상을 헤쳐 나가는 당당한 어린이를 꿈꾼다면 이 책은 꼭 한번 읽어 보아야 합니다.

정재도(한글학자)
위인으로 일컬어지는 이들은 어떤 생각을 하고, 어떤 삶을 살았을까요? 그들의 흔적을 담은 위인전은 복잡한 현대를 이끌어 갈 우리 어린이들에게 나침반과 같은 역할을 할 것입니다.

조수철(서울대학교 의과대학 소아정신과 교수)
위인전은 시대와 신분, 업적이 다른 위인들의 삶이 다양하고 흥미롭게 구성되어 있어 손쉽게 여러 삶의 모습을 만날 수 있습니다. 용기 있게 고난을 헤쳐 나간 위인의 이야기를 통해 삶의 지혜를 배울 수 있을 것입니다.

채소 종자의 자급과 식량난 해결에 기여한 육종학자

우 장 춘

소민호 글 / 신근식 그림

효 리 원
hyoreewon.com

위인전을 읽을 때면 언제나 결과보다 과정이 더 중요하다는 사실을 일깨워 주는 것이 좋습니다. 또한 다음과 같은 내용들에 대해 함께 이야기를 나누면서 생각을 키울 수 있도록 도와주시기 바랍니다.

첫째, 우장춘이 어렸을 때부터 힘든 삶을 살게 된 까닭을 찾고, 예방 및 해결 방법을 찾게 합니다.

이렇게 함으로써 생각의 폭을 넓힐 수 있으며, 어린이 스스로 행동과 말에 대하여 신중해집니다. 이 같은 과정을 거치면서 주어진 일에 최선을 다하는 사람으로 성장하게 될 것입니다.

둘째, 우장춘 박사는 일본에서의 편안한 삶을 버리고 조국인 대한민국으로 돌아와 농업 발전에 크게 이바지하였습니다.

우장춘 박사가 그렇게 마음을 먹게 된 까닭은 무엇인지 알아보도록 합니다.

아버지의 나라이고 자신의 조국이었으므로 당연히 그랬겠지만,

무엇보다 일본에서 조선인이라는 이유로 업신여김을 당하면서 조국과 민족이 소중하다는 것을 깨달았기 때문이겠지요.

또 이 이야기를 통해 어린이들에게 '나'보다 '우리'가 먼저라는 생각을 가질 수 있도록 가르침으로써 포부가 큰 사람으로 성장할 수 있도록 도와주면 좋겠습니다.

셋째, 이 책을 읽고 자신의 꿈이 무엇인지, 또 그 꿈을 이루기 위해서는 어떤 마음가짐과 노력이 필요한지 어린이의 생각을 들어 봅니다.

아직까지 구체적인 꿈이 없는 어린이는 자신만의 꿈을 가지게 될 것이고, 꿈이 있는 어린이는 그 꿈을 이루기 위해 새롭게 마음을 다지게 되겠지요.

어쨌든 위인은 저절로 탄생하는 게 아니라, 아픔과 시련을 이겨 내 아름답고 소중한 결실을 거둔 사람이라는 것을 알게 한다면, 이 책을 통해 얻는 커다란 보람이 될 것입니다.

　씨 없는 수박을 처음으로 만들어 재배한 것으로 널리 알려진 우장춘 박사는 어려운 고비를 수없이 넘기면서 세계적인 농학자가 된 위대한 인물입니다. 그는 다섯 살 때 아버지를 잃고, 여섯 살 때는 어머니와 헤어져 고아원에서 살기도 했습니다.

　어렵고 힘든 일이 앞을 막아도 흔들리지 않았던 우장춘은 연구에 연구를 거듭하여 박사 학위를 받았습니다.

　「종의 합성」 등 그가 쓴 많은 논문들은 세계적인 영국 과학자 찰스 다윈의 『진화론』을 다시 고쳐 써야 할 만큼 위대한 업적으로 평가받고 있습니다.

　이 책을 읽고 우장춘 박사를 본받아, 어린이 여러분에게 아무리 큰 어려움이 닥치더라도 주저앉지 말고 꿈을 이루기 위해 열심히 노력하기 바랍니다.

글쓴이　　

8

차 례

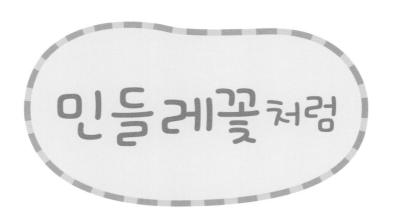

민들레꽃처럼

1902년 11월, 찬바람이 부는 날 밤이었습니다.

나가하루(우장춘의 일본 이름)네 집에 사람들이 모여들었습니다.

"뭐 하러 나갔대요?"

"누굴 만나러 갔다가……. 불길한 생각이 들어서 말렸는데 그만……, 흑흑……!"

나가하루는 잠결에 들은 어머니의 흐느낌으로, 아버지가 세상을 떠났다는 걸 짐작했습니다.

늘 쫓기는 듯 불안해하던 아버지가 떠올랐습니다.

"나가하루 아버지는 조선에서 쫓겨왔다지?"

"그렇다는구먼. 우리 일본 사람들이 자기네 나라 황후를 죽일 때 나가하루 아버지도 함께 있었다고 했어."

"그랬다면 당연히 조선에서는 못 살지. 조선 사람들이 그냥 놔두겠어."

나가하루 가족이 없는 데서 사람들이 주고받는 말이었습니다.

이듬해 봄, 남동생이 태어났습니다. 그러자 어머니는 더욱 바빠졌습니다. 장사를 마치고 늦게 돌아와서는 밤새 남의 집 삯바느질까지 했습니다.

"아들아, 얼마 동안 헤어져 살아야겠다. 조금만 참고 있으면 엄마가 꼭 데리러 갈게!"

"싫어. 난 엄마랑 함께 살 거야. 엄마 말 잘 듣고, 동생도 잘 돌볼게!"

나가하루는 울면서 몸부림을 쳤지만 이미 바꿀 수 없는 일이었습니다.

다음 날, 아버지의 친구였던 하지메 씨 소개로 어린 나가하루는 절에 딸린 고아원에 맡겨졌습니다.

고아원에서는 밥 대신 날마다 감자만 주었습니다.

나중에는 감자만 봐도 구역질이 날 지경이었습니다.

'먹어야 해. 엄마가 꼭 데리러 온다고 했어. 엄마는 약속을 지킬 거야!'

어머니를 만나려는 마음에 나가하루는 억지로 감자를 먹었습니다.

계절이 바뀌면서 또 한 해가 지나갔습니다.

"세상에, 이 어린것이……. 어서 집으로 가자!"

고아원을 찾은 어머니는 빼빼 마른 나가하루를 보고 눈물을 흘렸습니다.

집으로 돌아온 나가하루는 학교에 들어갔습니다.

"야, 조센징!"

일본 아이들은 나가하루를 그냥 두지 않았습니다. 걸핏하면 욕을 하고 놀려 댔습니다.

하지만 나가하루는 애써 참았습니다. 모른 척 한 귀로 듣고 한 귀로 흘렸습니다.

그럴수록 아이들은 따라다니며 더 괴롭혔습니다.

"엄마, 애들이 나보고 조센징이라고 자꾸 놀려!"

"조선 사람보고 조선 사람이라고 하는데 뭐가 잘못되었니? 또 놀리거든 조선 사람이라고 당당하게 말하렴."

나가하루는 아무 말도 못했습니다.

어느 날 나가하루는 울면서 집에 왔습니다. 온몸이 흙투성이였습니다. 옷도 찢어져 있었습니다.

하던 일을 마친 어머니는 나가하루의 손을 잡고 바깥으로 함께 나갔습니다.

들녘에는 파릇파릇 새싹들이 돋아나 있었습니다.

15

"애야, 이 민들레를 봐라. 사람들 발에 밟혀도 봄이 오면 꽃을 피우지! 어려움을 참고 꽃을 피우는 이 작은 들풀을 보고 넌 어떤 생각이 드니?"

나가하루는 어머니께 눈물을 보인 게 무척 부끄러웠습니다.

연기와 함께
사라지다

1911년 쿠레 중학교에 들어간 나가하루는 학비가 없어서 퍽이나 어려움을 겪었습니다.

'아, 다 팔고 이제 남은 건 이것 하나뿐이구나. 그이도 이해할 거야!'

밤새 뒤척이던 어머니는 아버지 묘지를 팔려고 마음먹었습니다. 그런 말을 듣고 난 주위 사람들이 말렸지만, 어머니의 결심은 아무도 꺾을 수 없었습니다.

그 덕분에 중학교를 졸업한 나가하루는 도쿄 제국대학에 딸린 농업 전문학교에 들어갔습니다.

나가하루는 학교 실습장에서 일을 하면서도 연구를 게을리 하지 않았습니다.

하지만 졸업을 하고도 취직이 되지 않아서 집에 들어앉아 연구만 했습니다.

"졸업을 했으면 국가와 사회를 위해 일을 해야지."

다행히 아는 교수님의 소개로 일본 농림성 농사 시험장 (농사짓는 여러 가지 일에 대해 연구하는 관청)에 임시 직원으로 들어갔습니다.

취직을 한 나가하루는 나팔꽃으로 유전학 연구를 했습니다. 3년 만에 유전학 잡지에 「종자(씨앗)에 따라 감별할 수 있는 나팔꽃 품성에 관하여」라는 논문을 발표했습니다.

"코하루, 우리 결혼합시다."

나가하루는 어른들의 반대를 무릅쓰고, 오랫동안 만나 왔던 코하루와 결혼을 했습니다.

그해, 도쿄 근처에 있는 코오노스 시험 농장으로 발령이 났

습니다.

　나가하루는 거기서도 나팔꽃 유전 물질과 잡종 연구에 매달렸습니다. 그러면서도 틈틈이, 서양 사람들이 좋아하는 피튜니아라는 꽃에 대해 연구했습니다. 미국에서는 피튜니아 겹꽃 씨앗이 금값보다 비싸게 팔리던 때였습니다.

　완벽한 겹꽃 피튜니아를 만들려면 식물의 유전과 잡종 법칙을 알아야 했습니다. 그동안 나가하루가 공들여 해 온 연구가 바로 완벽한 겹꽃 피튜니아 씨앗을 만드는 일이었습니다.

　"마침내 해냈어!"

　나가하루는 세계 최초로 피튜니아 겹꽃 씨앗을 만드는 데 성공했습니다. 겹꽃 피튜니아 씨앗의 개발과 나팔꽃 연구를 통해 유전과 잡종 연구가 결실을 맺은 것입니다.

　'이제 학위를 받는 일만 남았어. 앞으로 조선인이라고 깔보는 일은 없겠지!'

　나가하루는 다 쓴 논문을 서류함 안에 넣었습니다.

　"여보, 이제 끝났소!"

집에 돌아온 나가하루는 아내의 손을 꼭 잡았습니다.

그때였습니다.

"실장님, 큰일 났습니다. 불이 났습니다!"

바깥이 소란스러워지는가 싶더니 농장 직원이 달려와 소리쳤습니다.

나가하루는 직원과 함께 정신없이 달려갔습니다.

"안 돼! 어떻게 이런 일이!"

나가하루는 사무실을 향해 뛰었습니다.

"이러지 마세요, 실장님. 이미 늦었어요!"

직원들이 불길 속으로 뛰어드는 나가하루를 붙잡았습니다.

1930년 가을, 서른세 살에 완성한 논문, 몇 년 동안 고생해서 마친 논문이 연기와 함께 사라져 버리고 말았습니다.

삼각형에 숨은 비밀

어느 날 마쯔시마라는 연구원이 나가하루를 찾아왔습니다.

"저는 키하라 히토시 교수의 「밀의 게놈(자신의 모양과 성질을 자식에게 물려주는 유전자와 그 유전자를 감싸고 있는 물질) 분석」이라는 논문을 읽고, 식량 문제를 연구하려고 농장에 들어왔습니다. 그런데 밀알을 세는 하찮은 일만 시키지 뭡니까!"

"하찮은 일마저도 열심히 하지 않는 사람에게 어떻게 큰 일을 맡길 수 있겠나?"

마쯔시마는 한참 동안 생각에 잠겼다가 나가하루를 돌아보

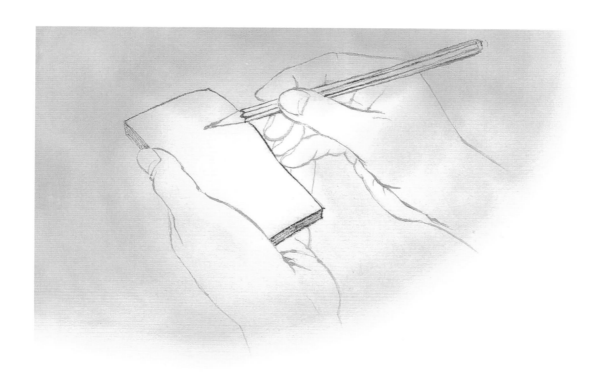

았습니다.

"그런데 선배님과 같이 최고 실력자가 되는 비결은 무엇입니까?"

"허허허, 훈련을 통해 새로운 것을 찾아내고 응용하는 게 비결이라면 비결이겠지. 메모하는 것도 중요하고!"

"아, 맞다! 메모가 그 비결이라는 걸 왜 진작 몰랐을까?"

마쯔시마가 무릎을 탁 쳤습니다. 하지만 메모와 실력만으로 안 되는 게 있었습니다. 그건 차별 대우였습니다.

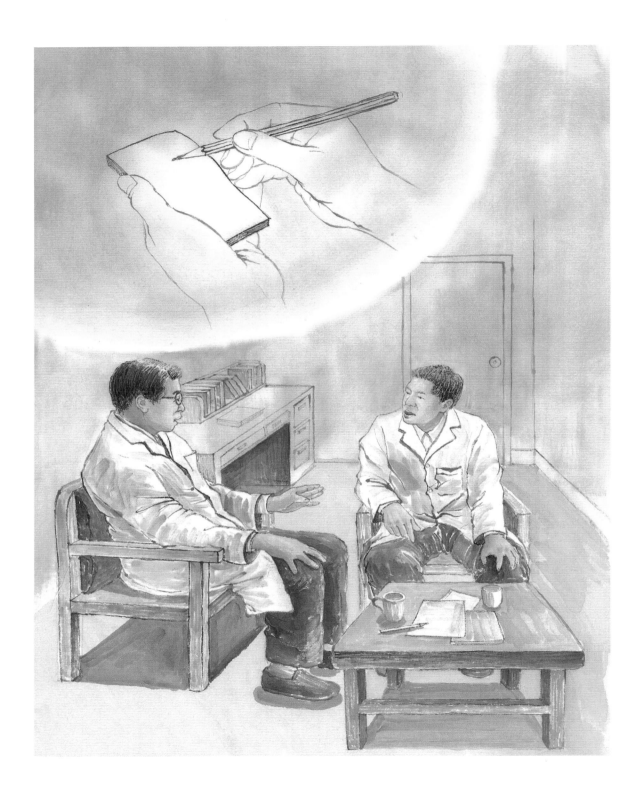

나가하루는 학벌과 조선인이라는 차별 대우를 이기기 위해 논문을 열심히 써서 농학 잡지에 발표했습니다.

'벼를 베고 난 뒤, 다음 모내기 전까지 수확을 할 수 있는 그루갈이 품종을 연구해야 한다. 십자화 작물(꽃잎 넉 장이 열십[十]자 모양인 농작물)인 무, 배추, 양배추 같은 채소들이 바로 그것이야.'

나가하루는 수정(씨를 만드는 일)이 되는 잡종을 만들어야겠다고 마음먹고 메모지에 큰 삼각형을 그렸습니다.

'먼저 서양 품종에 일본 품종을 섞은 뒤, 두 품종의 장점만 갖춘 제1잡종을 얻는다. 제1잡종에서 씨앗을 조금 얻을 수 있다면 다시 서양 품종을 섞어 수정 능력이 있는 제2잡종을 만들어 내야 하는데, 이게 과연 가능할까?'

나가하루는 삼각형 가운데에다 물음표를 그려 놓고 고민을 거듭했습니다. 꼬박 4년이 지나서야 그는, 수정 능력이 있는 잡종을 만드는 데 성공했습니다.

"됐어! 앞으로 이 배추의 품종을 농림 1호라고 부르자!"

나가하루는 농림 1호인 배추를 분석하면서 새로운 것들을 발견했습니다. 그는 새로운 것들에 매달려 연구에 연구를 거듭했습니다.

　이와 같은 노력으로 나가하루는 마침내 삼각형의 세 꼭짓점을 잇는 비밀, 새로운 식물을 탄생시키는 비밀을 밝혀 냈습니다.

　이렇게 연구한 내용을 담은 논문이「종의 합성」(「나가하루의 삼각형」이라고도 함)입니다.

　그러나 나가하루의 마음은 그리 즐겁지만은 않았습니다. 조선 사람이라고 업신여김을 받았던 지난날들이 떠올랐던 것입니다.

　'그래, 나는 분명히 조선 사람이다!'

　나가하루는 논문 겉장에 또박또박 '우장춘'이라는 조선 이름을 썼습니다. 조선 이름을 쓰고 나자 가슴이 더욱 뿌듯했습니다. 그렇게 해서 '나가하루'라는 일본 이름을 버리고 '우장춘'이라는 본래 한국 이름을 되찾았습니다.

씨 없는 수박 | 맨 처음 일본에서 탄생한 씨 없는 수박. 우리나라는 우장춘 박사가 처음으로 재배하여 선보였어요.

이듬해인 1936년 5월 4일, 우장춘은 농학 박사 학위를 받았습니다. 세계 농학 잡지에 발표된 우장춘의 논문을 읽은 여러 나라 사람들이 찾아왔습니다.

스웨덴에서는 이 논문을 읽고 새로운 채소를 만들어 내기도 했습니다.

다키이
연구 농장

어느 날 김종이라는 젊은 기자가 우장춘을 찾아왔습니다. 그는 우장춘의 아버지에 대한 이야기를 들려주었습니다.

우장춘의 아버지는 조선의 신식 군대인 별기군 대대장이었습니다.

일본이 조선을 넘보고 있을 때였습니다. 일본은 자신들이 하고자 하는 일에 방해가 되는 명성 황후(고종의 부인)를 죽이려는 계획을 세웠습니다. 그러고는 자객들을 경복궁에 숨어들게 했습니다. 그런 다음 별기군에게 경복궁을 지키게 했던 것입니다.

그때 경복궁을 지켰던 우장춘의 아버지가 일본의 음모를 알았는지, 아니면 일본인들의 꾐에 빠진 것인지는 확실하게 알 수 없다고 했습니다.

하지만 그 일로 일본의 앞잡이라는 낙인이 찍혀 일본으로 도망쳐 와서 살게 되었다고 했습니다.

그 말을 들은 우장춘은 일본이 더욱 싫어졌습니다.

"어찌 되었든 일본을 떠나자!"

농림성에 들어온 지 18년 만에 그만둔 우장춘은 마흔 살이라는 나이에 새로운 일자리와 살 집을 찾아야 했습니다.

그때 마침 '다키이 연구 농장'을 만든 사장이 책임자를 구하고 있었습니다.

"저, 한 사람 있긴 합니다만……. 최고 실력자이면서도 조선인이라는 이유로, 코오노스 농장에서 고작 기사로 일하고 있지요."

직원 한 사람이 우장춘에 대해 설명했습니다.

"세계에서 제일 먼저 완벽한 피튜니아 겹꽃을 만든 사람이지만, 조선인이라는 게 마음에 걸립니다. 학위도 일본 이름을 버리고 조선 이름 '우장춘'으로 받았답니다."

"그렇다고 해서 그가 최고라는 사실이 달라지는 건 아니지

요."

연구원들의 이야기를 들은 다키이 사장은 고개를 끄덕였습니다.

다키이 농장 책임자로 일해 달라는 연락을 받은 우장춘 박사는 한동안 망설였습니다.

'다키이 농장에 들어가는 것이 바람직한 일일까?'

우장춘은 이런저런 생각에 잠겼습니다.

다키이 농장에서는 '다키이 나카오카 연구 농장' 실습생들이 교육과 실습을 받고 있었습니다.

그 중에는 조선인도 몇 명 있었습니다.

"음, 실습생들 가운데 우리 동포가 있다면 조선에 조금이나마 도움이 되는 일을 할 수 있을지도 모르겠군!"

망설이던 우장춘은 마침내 다키이 농장을 선택했습니다.

뿌리를 찾아서

조선이 해방을 맞이했습니다. 나라 이름도 '대한민국'이라고 고쳤습니다.

대한민국에서는 부족한 식량 문제를 미처 해결하지 못하고 있었습니다. 일본에서 우장춘을 불러오자는 의견이 나왔습니다.

"우장춘의 아버지가 우범선이라는

걸 알고 있소?"

회의 참석자 중 한 사람이 김종을 보며 물었습니다.

모인 사람들은 화들짝 놀랐습니다.

"아니, 그렇다면 을미사변(1895년[을미년, 고종 32년] 일본 공사 미우라가 지휘하는 폭도들이 경복궁에 난입하여 명성 황후를 학살한 사건)과 관련이 있는 그 사람……?"

"안 될 말이지. 일본 앞잡이의 자식을 우리가 어떻게 불러들여!"

여기저기서 분노의 목소리가 터져 나왔습니다.

"허허, 정작 국민을 위해 일할 수 있는 사람은 친일했던 이라며 내치고, 내놓고 친일했던 사람은 관직에 버젓이 앉아 큰소리치는 건 무슨 경우요?"

느닷없이 터져 나온 바른말에, 사람들은 일제히 입을 다물었습니다.

김종이 우장춘에게 편지를 썼습니다. 우장춘은 대한민국에 와서 일하겠다고 답장을 보내왔습니다.

대한민국 정부는 '우장춘 박사 환국촉진위원회'를 만들어 그를 맞이할 준비를 했습니다. 부산 금정산 자락인 동래 온천장 근처에 농장도 만들었습니다.

우장춘 박사는 아내와 함께 기차를 타고 오무라 수용소로 갔습니다. 돈을 벌기 위해 불법으로 건너온 한국 사람들을 가두었다가 돌려보내는 곳이었습니다.

"여보, 어머니와 애들을 부탁하오. 그리고 당신 건강도 돌보기 바라오."

우장춘 박사는 스스로 수용소 안으로 들어갔습니다. 아내 코하루는 그런 남편의 뒷모습을 말없이 바라보았습니다.

'여보, 모든 걸 다 버리고 가는 당신의 뒷모습이 퍽 늙어 보이는군요. 그래도 당신의 뜻이니 어쩔 수 없겠지요? 부디 건강하세요.'

아내는 소리 없이 눈물을 흘렸습니다.

이틀 뒤, 우 박사는 강제 추방을 당하는 한국 사람들과 함께 자신의 뿌리를 찾기 위해 수송선을 탔습니다.

우장춘 | 세계적인 육종학자 우장춘 박사의 모습입니다.

드디어 신코마루 호가 부산항에 도착했습니다.

부두에는 '환영 우장춘 박사 환국'이라고 적힌 현수막을 중심으로, 이미 많은 환영객들이 나와 있었습니다.

우장춘 박사는 마중 나온 사람들과 악수를 하며 활짝 웃었습니다.

그 속에는 김종도 있었습니다.

우 박사는 한복을 입고 환영식장에 나타났습니다.

"어렵고 힘든 가운데서도 저를 불러 주신 조국과 동포 여러분께 감사의 말씀을 드립니다. 앞으로 조국을 위해 최선을 다할 것이며, 나의 뼈도 여기에 묻을 것입니다!"

박수가 터져 나왔습니다.

늦은 시각, 숙소에서 직원 한 사람이 우 박사의 짐을 정리했습니다. 농학과 육종에 관한 책자며 실험용 기구, 그리고 종자들이 짐 속에서 나왔습니다.

"박사님, 이건 따로 사신 것 같은데요?"

직원이 캐묻는 바람에 우 박사는 한국에서 보내 준 돈으로 샀다고 사실대로 털어놓았습니다.

"그러면 일본에 남아 있는 가족들은 어떻게 삽니까?"

"걱정하지 말게. 설마 산 입에 거미줄이야 치겠는가?"

직원들은 우장춘 박사의 그런 모습을 안타깝게 바라보았습니다.

무씨와
배추씨

농촌을 둘러본 우장춘 박사는 무와 배추 씨앗부터 먼저 만들자고 했습니다. 우 박사는 연구에 필요한 것들을 날마다 직원들에게 가르쳐 주었습니다.

"이처럼 대단한 학자에게 배운다는 건 정말 행운이야!"

"그럼, 함께 있다는 것만으로도 영광이지!"

직원들은 자부심을 갖고 우 박사를 따랐습니다. 1950년, 무와 배추의 종자 개량을 시작했습니다.

그러나 그해 6월 25일, 전쟁이 터졌습니다. 얼마 뒤 부산에도 피란민이 늘어나 집과 식량이 부족해졌습니다. 직원들은 불안했습니다. 일도 손에 잡히지 않았습니다.

"전쟁도 먹어야 할 수 있어!"

직원들은 우장춘 박사 뒤를 따라 밖으로 나갔습니다.

"우리가 지금 당장 할 일은 무와 배추의 새로운 품종 개발이네!"

우 박사는 먼저 품종 고르는 일부터 했습니다.

무만 해도 종류가 많았습니다.

"박사님, 혹시 울산 무에 대한 옛날이야기를 아십니까?"

"그런 이야기도 있나? 궁금하구먼!"

모두 일손을 잠깐 멈추고 둘러앉았습니다.

"옛날 울산에서 군수를 지낸 양반이 한양으로 갔답니다. 한양으로 간 그 양반은 울산에서 먹었던 무 맛을 잊을 수가 없어서 울산 친구에게 편지를 했지요. 편지를 받은 친구는 하인을 시켜 울산 무를 한 지게 보냈어요. 그런데 그 하인은 근처 장에다가 무를 팔아 치운 다음, 빈 지게를 지고 한양으로 갔지요. 한양에 도착한 하인은 울산 무 판 돈으로 미끈하고 좋은 무를 한 지게 사서 양반에게 갖다 주었답니다. 무채를 무쳐 오게 해서 맛을 보던 양반은 찬물에다가 그걸 씻었답니다. 그러

자 무채가 금세 새하얘졌지요. 진짜 울산 무는, 씻어도 양념이 빠지지 않는다는 걸 잘 알고 있었던 거지요. 하인은 밤중에 끌려나가 엉덩이가……."

"맞다. 바로 그거다!"

우장춘 박사는 무릎을 탁 쳤습니다.

"이래서 하찮은 것 하나도 헛되이 봐 넘기지 말고, 가벼운 이야기라도 흘려듣지 말아야 하는 거야. 울산 무는 틀림없이 좋은 품종이겠군그래!"

우장춘 박사는 연구할 품종을 울산 무로 정했습니다.

"무도 무지만, 배추도 김장에 없어서는 안 될 채소지!"

우 박사는 외국에서 들여온 품종과 우리 토질에 맞게 기른 김장용 배추들을 골라 새로운 배추를 만들기 위해 연구를 했습니다. 연구원들도 무와 배추들의 좋은 점들을 가려내는 데 힘을 아끼지 않았습니다.

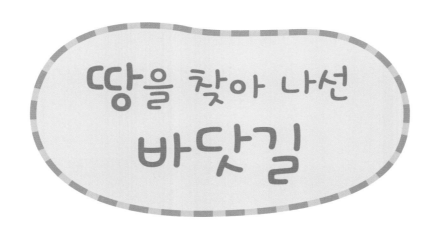

땅을 찾아 나선
바닷길

"씨앗을 뿌려 종자를 거둘 땅이 있어야 해."

알맞은 땅을 찾던 우장춘 박사는 제주도까지 갔습니다.

바닷가를 둘러보던 우 박사가 고개를 저었습니다.

"아니야, 채소 종자 농사는 안 되겠어!"

강이 없어서 물이 부족하고, 날씨는 따뜻하지만 태풍 피해가 클 것 같았습니다.

다만 귤을 재배하면 잘될 것 같다고 안내인에게 말해 주었습니다.

그렇게 또 한 해가 지나갔습니다.

"우리는 전쟁이 끝날 때를 생각해서 식량 생산에 최선을 다해야 해!"

우 박사는 고무신에 밀짚모자 차림으로 일을 하면서 입버릇처럼 말했습니다.

어느 날, 진도원예조합장이 찾아왔습니다.

"거기는 작물을 재배하기 좋은가요?"

"사람 살기 좋은 곳입니다."

우 박사는 그 말을 듣고 진도에 갔습니다.

진도는 낮이 길고 땅이 기름져서 작물이 잘 자랄 것 같았습니다. 건조하고 따뜻해서 겨울나기도 좋아 보였습니다.

우 박사는 진도를 둘러보며 종자를 생산하기 좋은 땅을 찾았습니다.

"박사님, 농민들에게 씨앗을 키우는 일이

어떤 것인지 좀 알려 주십시오."

"허허, 그러지요."

우 박사는 농민들이 모여 있는 강당으로 갔습니다.

"여러분, 육종학, 다시 말하면 좋은 품종을 만들어 내는 연구는 씨 없는 수박도 만들어 낼 수 있습니다."

강연장 여기저기서 사람들이 웅성거리기 시작했습니다. 모두들 믿지 못하겠다는 눈치였습니다.

"우리 연구소에 오시면 그 수박을 볼 수 있습니다."

그랬습니다. 우장춘 박사는 농장에서 여러 가지 농작물과 꽃들을 심어서 연구를 했습니다. 그중에는 씨 없는 수박도 있었습니다. 사실 씨 없는 수박은 일본의 '기하라 생물학연구소'에서 벌써 개발을 했습니다. 하지만 우 박사는 그보다 좀 더 맛있고 큰, 씨 없는 수박을 개발했습니다.

하지만 우 박사는 씨 없는 수박을 좋아하지 않았습니다. 생산하는 데 돈도 많이 들 뿐만 아니라, 이 세상에 태어나서 저와 닮은 2세를 볼 수 없게 된다는 것이 마음 아팠던 것입니다.

하지만 농민들에게 어려운 농사 연구를 알리려면 씨 없는 수박으로 관심을 끌 수밖에 없었습니다.

다행히 씨 없는 수박이라는 말에 사람들이 관심을 보였습니다. 종자를 키우기 알맞은 땅도 찾아냈습니다.

또 우장춘 박사는 연구를 통해 만들어 낸 귤나무를 제주도 서귀포에다가 심기도 했습니다. 이것이 오늘날 제주도의 명물인 귤 재배의 첫걸음이었습니다.

전쟁이 끝난 1953년 7월이었습니다. 우장춘 박사는 어머니가 위독하다는 전보를 받았지만 가 보지 못했습니다.

마침내 우 박사의 어머니는 8월 18일에 돌아가시고 말았습니다. 우 박사는 몇 날 며칠을 슬픔에 빠져 있었습니다.

어머니가 돌아가셨다는 소식을 듣고 많은 사람들이 부조금을 보내 주었습니다.

우 박사는 그 돈으로 농장 안에 우물을 팠습니다.

'내 어머니의 젖과 같은 우물이니까 '자유천'이라고 불러야겠다!'

그때 진도에서 무씨와 배추씨가 담긴 가마니가 도착했습니다.

"우와, 바라만 보아도 배가 부르네!"

직원들이 좋아했습니다.

"좋아하기는 아직 일러. 이제부터 새 품종을 만들어야 하네!"

말은 그렇게 했지만, 우 박사는 보급 품종이라도 만들어 낸 연구원들이 참으로 대견하다고 생각했습니다.

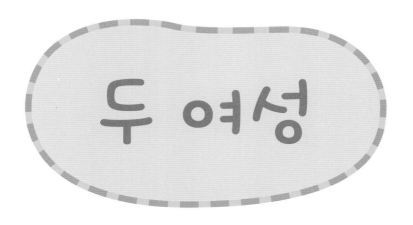

두 여성

부산 동래의 '중앙원예기술원'에는 찾아오는 사람들이 늘 많았습니다. 우 박사는 무척 바쁘지만 않으면 찾아온 사람들을 모두 만났습니다.

어느 날 아침이었습니다.

"잘 오셨습니다. 우장춘입니다."

우장춘 박사는 여전히 서툰 우리말로 인사를 건넸습니다. 대통령 후보인 그 사람은 우 박사를 훑어보더니 빙그레 웃었습니다.

"우리말이 꽤 어렵지요? 배우려면 세월이 좀 지나야 할 겁니다. 허허허."

"예, 조급증은 내지 않습니다. 우리나라에는 말 잘하는 사람이 많은데, 나까지 말을 잘하게 되면 시끄럽지 않겠습니까!"

우 박사가 더듬거리며 능청스럽게 대답했습니다.

하루는 여고생들 200여 명이 수학여행을 겸해서 농장에 찾아왔습니다. 여학생들이 들이닥치자 여느 때와 달리 농장 안은 시끌벅적했습니다.

"우장춘 박사님은 바쁘세요?"

"박사님을 만나게 해 주세요."

여학생들이 연구원을 찾아가 조르고 또 졸랐습니다.

"박사님은 지금 많이 바쁘세요."

연구원이 손을 내저었습니다.

"안 돼요!"

여학생들은 연구원을 에워싸고 소리쳤습니다.

"저, 미안합니다만 잠시라도 박사님을 뵙게 해 주십시오."

학생들을 데리고 온 선생님까지 사정을 했습니다.

그때 본관 창문이 열렸습니다.

"여러분, 안녕하세요?"

우장춘 박사가 활짝 웃으며 학생들을 바라보았습니다.

"와아, 우장춘 박사님이다!"

"꼭 시골 할아버지 같다."

까맣게 탄 우 박사의 얼굴을 본 여학생들이 저마다 수군거렸습니다.

"박사님, 우리 학생들을 위해 한 말씀만 해 주시면 고맙겠습니다."

선생님이 우장춘 박사를 바라보며 부탁했습니다.

우 박사는 차분한 표정으로 입을 열었습니다.

"내가 오늘 이렇게 연구를 할 수 있게 된 것은 두 여성 덕입니다. 그들이 없었다면, 이 우장춘이는 존재하지 않았을 겁니

다. 그중 한 분은 내 어머니랍니다. 내가 어렸을 때 아버지가 돌아가시자, 혼자서 나를 키우며 온갖 고생을 다 하셨지요. 그런 어머니는 아버지의 나라이자 나의 조국인 대한민국을 위해 봉사할 수 있는 사람이 되라고 늘 말씀하셨답니다. 또 한 여성은 아내입니다. 결혼한 뒤, 집안일을 온통 아내가 맡아서 해 준 덕분에 나는 연구에만 전념할 수 있었습니다. 그로 인해 학자로서, 내 조국에 조금이나마 보탬이 되는 사람이 될 수 있었지요. 여러분도 나중에 아내가 되고 어머니가 되거든 남편과 자식들에게 사랑받고 존경받는 여성이 되기 바랍니다."

우 박사의 말이 끝나자 여학생들은 '와아!' 하고 탄성을 질렀습니다.

"박사님의 어머니와 부인은 어떻게 생겼을까?"

여학생들은 고개를 갸웃거리며 농장을 떠났습니다.

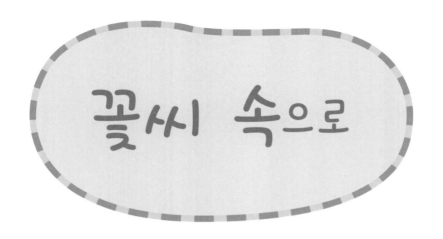

꽃씨 속으로

어느 날 부통령이 찾아왔습니다. 그런데 하필 우 박사는 자리에 없었습니다.

"이걸 어쩌나? 대통령께서 우 박사보고 농림장관을 맡아 달라고 하셨는데……."

그 말에 직원들의 얼굴빛이 어두워졌습니다.

"아니, 자네들은 모시던 분이 높이 된다는데 왜 그런 얼굴들인가?"

"저흰들 왜 좋지 않겠습니까? 하지만 농장 일이 더 중요한

강원도 감자 | 우장춘 박사는 외국에서 사 오던 씨감자를 병이 없는 종자로 개발하여, 우리나라 강원도에서 품종 좋은 감자를 생산할 수 있게 했습니다

것 같습니다."

"자네들의 마음을 충분히 알겠네."

부통령이 돌아가고 며칠 뒤 우 박사가 돌아왔습니다.

"뭐, 나보고 장관을 맡으라고? 난 싫네!"

우 박사는 머리를 절레절레 흔들었습니다.

1957년, 채소 종자의 개량을 시작한 지 7년 만에 비로소 씨앗을 외국에서 사 오지 않게 되었습니다.

그때부터 우 박사는 주식인 벼와 감자 연구에 들어갔습니다. 일찍 수확할 수 있는 올벼와 외국에서 사 오던 씨감자도 병이 없는 종자로 개발했습니다.

그 씨감자가 바로 비탈진 자갈밭에서 잘 자라는 오늘날의 강원도 감자입니다.

"음, 벼와 감자가 잘 되면 국민들의 배고픔을 조금은 달랠 수 있을 거야. 그런데 배가 왜 이렇게 아프지?"

우장춘 박사는 배를 만지며 고개를 갸웃거렸습니다. 연구에만 매달리느라 병이 생긴 줄도 몰랐던 것입니다.

"박사님, 서울에 있는 병원에 가서 진찰을 받아 보셔야 할 것 같습니다."

의사의 말대로 우 박사는 서울에 있는 병원에 입원을 했습니다.

며칠 뒤 거기서 수술까지 받았습니다.

일본에서 그 소식을 들은 아내가 왔습니다.

"허허, 먼 길을 잘 찾아왔구먼. 하긴 옛날부터 당신은 무슨 일이든지 잘할 수 있는 사람이었지. 어머니가 돌아가셨다고 해도 나는 건너가지 못한 바다를 당신은 단숨에 훌쩍 건너왔으니 말일세!"

아내 코하루는 눈물이 그렁그렁한 눈으로 바라보기만 했습니다.

1959년 8월 7일, 농림부에서 병원으로 연락이 왔습니다. 우박사에게 문화 훈장을 수여하기로 했다는 전화였습니다.

우장춘 박사는 세수를 하고 머리를 감았습니다. 옷도 갈아입었습니다.

“제가 대통령을 대신해서 훈장을 달아 드리게 되어 영광입니다.”

장관이 우 박사의 가슴에 훈장을 달아 주고 어깨에 휘장을 둘러 주었습니다. 우장춘 박사는 축사를 들으면서 휘장을 쓰다듬었습니다.

“우리말도 제대로 못하는 이 사람을 조국이 인정해 주어서 감사합니다!”

우장춘 박사는 살아서 받은 마지막 선물을 만지고 또 만졌습니다.

훈장을 받고 사흘이 지난 8월 10일 새벽, 의사와 간호사들이 우장춘 박사가 누워 있는 병실로 모였습니다. 사람들이 들락거려도 우 박사는 눈을 감은 채 하얀 침대에 누워서 꼼짝하지 않았습니다.

벽에 붙은 시계에서 째깍거리는 소리만 들릴 뿐, 병실 안은 조용했습니다.

“박사님께서 운명하셨습니다!”

무추 | 무와 배추를 결합하여 만든 것입니다. 우장춘 박사가 채소 산업을 육성하기 위해 개발해 낸 것 중 하나입니다.

1959년 8월 10일 새벽 3시 10분이었습니다.

우장춘 박사는 연구원이 가져다 준 벼와 훈장을 손에 쥔 채, 아내와 의사가 지켜보는 가운데 조용히 숨을 거두었습니다.

'당신의 영혼은 꽃씨가 되었겠지요? 세상을 아름답게 가꿀 꽃씨!'

아내 코하루는 싸늘하게 식어 가는 우장춘 박사의 손을 잡고 오랫동안 놓지 않았습니다. ✿

우장춘의 삶

연 대	발 자 취
1898년(1세)	4월 8일 아버지 우범선과 일본인 어머니 사카이 나카 사이에서 태어나다.
1902년(5세)	아버지 우범선이 자객에게 암살당하다.
1911년(14세)	일본 히로시마 현립 쿠레 중학교에 입학하다.
1916년(19세)	쿠레 중학교를 졸업하고, 일본 도쿄 제국대학 부설 농학실과(전문대학)에 입학하다.
1919년(22세)	일본 도쿄 제국대학 농학부를 졸업하다. 일본 농림성 농사 시험장에 임시 직원으로 들어가다.
1920년(23세)	일본 농림성 농사 시험장 기수로 진급하고, 같은 해에 육종학 연구를 시작하다.
1922년(25세)	유전학 잡지에 「종자(씨앗)에 따라 감별할 수 있는 나팔꽃 품성에 관하여」라는 논문을 발표하다.
1924년(27세)	일본 여자인 와타나베 코하루와 결혼하다. 도쿄 근처에 있는 코오노스 시험 농장으로 발령이 나다.
1936년(39세)	일본 도쿄 제국대학에서 농학 박사 학위를 받다(논문 「종의 합성」).
1937년(40세)	일본 농림성 농사 시험장 기사로 진급하고, 다음 날 바로 농림성 농사 시험장을 그만두다. 일본 교토 다키이 연구 농장에 책임자로 들어가다.
1945년(48세)	다키이 연구 농장을 그만두다. 일본 교토 쵸우호우지에서 농장을 경영하다.
1950년(53세)	대한민국으로 귀국한 뒤, 한국농업과학연구소에 들어가다. 한국농업과학연구소 소장으로 일을 시작하다. 무와 배추의 종자 개량을 시작하다.
1953년(56세)	한국농업과학연구소가 중앙원예기술원이 되면서 원장으로 직책이 바뀌다. 어머니가 세상을 떠나다. 자유천(우물)을 만들다.
1954년(57세)	학술원 추천 회원으로 뽑히다.
1957년(60세)	제1회 부산시문화상(과학상)을 받다.
1958년(61세)	농사원 원예 시험장 책임자가 되다.
1959년(62세)	대한민국 문화 훈장을 받다. 병원에서 아내가 지켜보는 가운데 숨을 거두어, 수원 농촌진흥청 안에 있는 여가산에 묻히다.

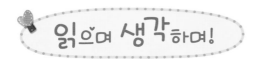

1. 우장춘의 일본 이름은 무엇이었나요?

2. 다음 글에 따르면, 우장춘의 아버지는 을미사변과 관련이 있음을 알 수 있습니다. 이때 그의 직업은 무엇이었나요?

> "우장춘의 아버지가 우범선이라는 걸 알고 있소?"
>
> 회의 참석자 중 한 사람이 김종을 보며 물었습니다. 모인 사람들은 화들짝 놀랐습니다.
>
> "아니, 그렇다면 을미사변(1895년[을미년, 고종 32년] 일본 공사 미우라가 지휘하는 폭도들이 경복궁에 난입하여 명성 황후를 학살한 사건)과 관련이 있는 그 사람……?"
>
> "안 될 말이지. 일본 앞잡이의 자식을 우리가 어떻게 불러들여!"

3. 우장춘에게 농학 박사 학위를 안겨 준 논문은 무엇인가요?

4. 우장춘 박사는 무척이나 힘든 어린 시절을 보내야 했습니다. 어렸을 적 그가 어떻게 생활했는지 말해 보세요. 또한 갖은 어려움을 이겨 내고 위대한 농학자로 우뚝 설 수 있었던 과정에 대해 적어 보세요.

> "엄마, 애들이 나보고 조센징이라고 자꾸 놀려!"
>
> "조선 사람보고 조선 사람이라고 하는데 뭐가 잘못되었니? 또 놀리거든 조선 사람이라고 당당하게 말하렴."
>
> 나가하루는 아무 말도 못 했습니다.
>
> 어느 날 나가하루는 울면서 집에 왔습니다. 온몸이 흙투성이였습니다. 옷도 찢어져 있었습니다.
>
> 하던 일을 마친 어머니는 나가하루의 손을 잡고 함께 바깥으로 나갔습니다.
>
> 들녘에는 파릇파릇 새싹들이 돋아나 있었습니다.
>
> "애야, 이 민들레를 봐라. 사람들 발에 밟혀도 봄이 오면 꽃을 피우지! 어려움을 참고 꽃을 피우는 이 작은 들풀을 보고 넌 어떤 생각이 드니?"

_____

_____

_____

5. 윗글로 미루어 알 수 있는 우장춘 박사 어머니의 성격을 적어 보세요.

_____

_____

_____

6. 뛰어난 실력에도 불구하고 여러 가지 이유로 차별을 당하는 사람들이 적지 않습니다. 그와 같은 경우를 알아보고, 그중 한 가지를 골라 자신의 생각을 적어 보세요.

그때 마침 다키이 연구 농장을 만든 사장이 책임자를 구하고 있었습니다.

"저, 한 사람 있긴 합니다만……. 최고 실력자이면서도 조선인이라는 이유로, 코오노스 농장에서 고작 기사로 일하고 있지요."

직원 한 사람이 우장춘에 대해 설명했습니다.

"세계에서 제일 먼저 완벽한 피튜니아 겹꽃을 만든 사람이지만, 조선인이라는 게 마음에 걸립니다. 학위도 일본 이름을 버리고 조선 이름 '우장춘'으로 받았답니다."

풀이

1. 나가하루.

2. 조선의 신식 군대인 별기군의 대대장.

3. 「종의 합성」(「나가하루의 삼각형」).

4. 예시 : 어린 시절 우장춘은, 생활이 어려워 고아원에 맡겨진 채 감자만으로 끼니를 때우는 날이 많았다. 일본의 앞잡이라고 낙인찍힌 아버지 때문에 일본으로 도망쳐 살면서 늘 '조센징'이라 불리며 차별을 받고 살아야 했다. 학교에 가면 일본 아이들이 놀려 댔고, 어려운 생활 형편 때문에 학교를 그만두어야 할 처지에 놓이기도 했다. 하지만 그는 학벌과 조선인이라는 차별 대우를 이기기 위해 더 이를 악물고 공부했다. 늘 조국에 대한 사랑을 잊지 않았고, 아주 작은 것조차 하찮게 여기지 않는 신중함을 바탕으로 열심히 연구하였다. 그 결과 뛰어난 논문을 잇달아 발표했고, 1950년에 우리나라로 와서 국민들의 부족한 식량 문제를 해결하는 등 대한민국의 농업을 크게 발전시켰다.

5. 예시 : 우장춘은 숱한 상처와 차별로 말미암아 비뚤어지기 쉬운 환경에서 어린 시절을 보냈다. 하지만 그의 어머니는 아들이 조선인으로서의 당당함과 자존심을 잃지 않도록 끊임없이 격려해 주었다. 어려움에 부딪혀도 쉽게 포기하거나 좌절하지 않도록 늘 채찍질해 준, 강인한 의지를 가진 분이다.

6. 예시 : 오늘날 우리 사회에는, 장애인에 대한 차별이 여전히 남아 있는 듯싶다. 그들이 학교에 다니거나 취직할 때 어려움을 겪는 것을 신문이나 뉴스를 통해 본 적이 있다. 길을 갈 때도 장애인을 비뚤어진 눈길로 보는 사람이 아직까지 많다고 한다. 장애인은 비장애인과 견주었을 때 몸이 조금 불편할 뿐이다. 그런 차이를 인정하고 있는 그대로 받아들인다면 장애인과 비장애인 모두에게 훨씬 더 살기 좋은 세상이 될 것이라고 생각한다.

역사 속에 숨은 위인을 만나 보세요!

한국사 (상단)

- 광개토태왕 (374~412)
- 을지문덕 (?~?)
- 연개소문 (?~666)
- 김유신 (595~673)
- 대조영 (?~719)
- 장보고 (?~846)
- 왕건 (877~943)
- 강감찬 (948~1031)
- 최무선 (1328~1395)
- 황희 (1363~1452)
- 세종대왕 (1397~1450)
- 장영실 (?~?)
- 신사임당 (1504~1551)
- 이이 (1536~1584)
- 허준 (1539~1615)
- 유성룡 (1542~1607)
- 한석봉 (1543~16)
- 이순신 (1545~15)
- 오성과 한음 (오성 1556~1618 / 한음 1561~1613)

- 고구려 불교 전래 (372)
- 신라 불교 공인 (527)
- 고구려 살수 대첩 (612)
- 신라 삼국 통일 (676)
- 견훤 후백제 건국 (900)
- 궁예 후고구려 건국 (901)
- 고려 강화로 도읍 옮김 (1232)
- 개경 환도, 삼별초 대몽 항쟁 (1270)
- 문익점 원에서 목화씨 가져옴 (1363)
- 최무선 화약 만듦 (1377)
- 조선 건국 (1392)
- 허준 동의보감 완성 (1610)
- 병자호란 (1636)
- 상평통보 전국 유통 (1678)

- 고조선 건국 (B.C. 2333)
- 철기 문화 보급 (B.C. 300년경)
- 고조선 멸망 (B.C. 108)
- 고구려 불교 전래 (372)
- 신라 불교 공인 (527)
- 대조영 발해 건국 (698)
- 장보고 청해진 설치 (828)
- 왕건 고려 건국 (918)
- 귀주 대첩 (1019)
- 윤관 여진 정벌 (1107)
- 훈민정음 창제 (1443)
- 임진왜란 (1592~1598)
- 한산도 대첩 (1592)

| B.C. | 선사 시대 및 연맹 왕국 시대 | A.D. | 삼국 시대 | 698 남북국 시대 | 918 | 고려 시대 | 1392 |

| 2000 | 500 | 400 | 300 | 100 | 0 | 300 | 500 | 600 | 800 | 900 | 1000 | 1100 | 1200 | 1300 | 1400 | 1500 | 1600 |

| B.C. | 고대 사회 | | A.D. 375 | 중세 사회 | | 1400 |

세계사 (하단)

- 중국 황하 문명 시작 (B.C. 2500년경)
- 인도 석가모니 탄생 (B.C. 563년경)
- 알렉산더 대왕 동방 원정 (B.C. 334)
- 크리스트교 공인 (313)
- 게르만 민족 대이동 시작 (375)
- 로마 제국 동서로 분열 (395)
- 수나라 중국 통일 (589)
- 이슬람교 창시 (610)
- 수 멸망 당나라 건국 (618)
- 러시아 건국 (862)
- 거란 건국 (918)
- 송 태종 중국 통일 (979)
- 제1차 십자군 원정 (1096)
- 테무친 몽골 통일 칭기즈 칸이 됨 (1206)
- 원 제국 성립 (1271)
- 원 멸망 명 건국 (1368)
- 잔 다르크 영국군 격파 (1429)
- 구텐베르크 금속 활자 발명 (1450)
- 코페르니쿠스 지동설 주장 (1543)
- 도요토미 히데요시 일본 통일 (1590)
- 독일 30년 전쟁 (1618)
- 영국 청교도 혁명 (1642~16)
- 뉴턴 만유인력의 법칙 발견 (1665)

- 석가모니 (B.C. 563?~B.C. 483?)
- 예수 (B.C. 4?~A.D. 30)
- 칭기즈 칸 (1162~1227)

정약용 (1762~1836)		주시경 (1876~1914)											
김정호 (?~?)		김구 (1876~1949)											
		안창호 (1878~1938)		우장춘 (1898~1959)	유관순 (1902~1920)				백남준 (1932~2006)	이태석 (1962~2010)			
		안중근 (1879~1910)		방정환 (1899~1931)	윤봉길 (1908~1932)	이중섭 (1916~1956)							

이승훈 천주교 전도 (1784)
최제우 동학 창시 (1860)
김정호 대동여지도 제작 (1861)
강화도 조약 체결 (1876)
지석영 종두법 전래 (1879)
갑신정변 (1884)
동학농민운동, 갑오개혁 (1894)
대한제국 성립 (1897)
을사조약 (1905)
헤이그 특사 파견, 고종 퇴위 (1907)
한일강제합방 (1910)
3·1운동 (1919)
어린이날 제정 (1922)
윤봉길·이봉창 의거 (1932)
8·15 광복 (1945)
대한민국 정부 수립 (1948)
6·25 전쟁 (1950~1953)
10·26 사태 (1979)
6·29 민주화 선언 (1987)
서울 올림픽 개최 (1988)
북한 김일성 사망 (1994)
의약 분업 실시 (2000)

조선 시대 | **1876 개화기** | **1897 대한 제국** | **1910 일제 강점기** | **1948 대한민국**

| 1700 | 1800 | 1850 | 1860 | 1870 | 1880 | 1890 | 1900 | 1910 | 1920 | 1930 | 1940 | 1950 | 1970 | 1980 | 1990 | 2000 |

근대 사회 | **1900 현대 사회**

미국 독립 선언 (1776)
프랑스 대혁명 (1789)
청·영국 아편 전쟁 (1840~1842)
미국 남북 전쟁 (1861~1865)
베를린 회의 (1878)
청·프랑스 전쟁 (1884~1885)
청·일 전쟁 (1894~1895)
헤이그 평화 회의 (1899)
영·일 동맹 (1902)
러·일 전쟁 (1904~1905)
제1차 세계 대전 (1914~1918)
러시아 혁명 (1917)
세계 경제 대공황 시작 (1929)
제2차 세계 대전 (1939~1945)
태평양 전쟁 (1941~1945)
국제 연합 성립 (1945)
소련 세계 최초 인공위성 발사 (1957)
제4차 중동 전쟁 (1973)
소련 아프가니스탄 침공 (1979)
미국 우주 왕복선 콜럼비아호 발사 (1981)
독일 통일 (1990)
유럽 11개국 단일 통화 유로화 채택 (1998)
미국 9·11 테러 (2001)

워싱턴 (1732~1799)
페스탈로치 (1746~1827)
모차르트 (1756~1791)
나폴레옹 (1769~1821)
링컨 (1809~1865)
나이팅게일 (1820~1910)
파브르 (1823~1915)
노벨 (1833~1896)
에디슨 (1847~1931)
가우디 (1852~1926)
라이트 형제 (형, 윌버 1867~1912 / 동생, 오빌 1871~1948)
마리 퀴리 (1867~1934)
간디 (1869~1948)
아문센 (1872~1928)
슈바이처 (1875~1965)
아인슈타인 (1879~1955)
헬렌 켈러 (1880~1968)
테레사 (1910~1997)
만델라 (1918~2013)
마틴 루서 킹 (1929~1968)
스티븐 호킹 (1942~2018)
오프라 윈프리 (1954~)
스티브 잡스 (1955~2011)
빌 게이츠 (1955~)

2023년 1월 15일 2판 4쇄 **펴냄**
2014년 2월 25일 2판 1쇄 **펴냄**
2008년 4월 15일 1판 1쇄 **펴냄**

펴낸곳 (주)효리원
펴낸이 윤종근
글쓴이 소민호 · **그린이** 신근식
사진 제공 중앙포토, 연합뉴스
등록 1990년 12월 20일 · **번호** 2-1108
우편 번호 03147
주소 서울시 종로구 삼일대로 457, 406호
전화 02)3675-5222 · **팩스** 02)765-5222

ISBN 978-89-281-0334-8 64990

이메일 hyoreewon@hyoreewon.com
홈페이지 www.hyoreewon.com